Mietelmiä - Cogitationes

Aikaisemmat julkaistut kirjat : "Sodasta ja rakkaudesta" sekä "Liikahduksia Motus animi"

© 2024 Seppo Suihko
Kääntäjä : Primas Petronius
Etukannen kuva: Helmi Kuusi
Taitto ja kansi: Books on Demand
Kustantaja: BoD – Books on Demand, Helsinki, Suomi
Valmistaja: Libri Plureos GmbH, Hampuri, Saksa
ISBN: 9789528027669

Mietelmiä - Cogitationes

Seppo Suihko.

Latinaksi Primas Petronius

Sisällysluettelo

Perheen piiristä

Hei, huolehdithan
niistä jätesäkeistä,
vaimo huudahtaa.
Menen heti väsäämään
muutaman turhan säkeen.

Tähyän tielle,
onko vaimo tulossa?
Nurmi ja parta
kaipaavat kumpainenkin
reipasta remonttia.

De rebus familiaribus

Heus tu, curasne
eos saccos scrutorum,
uxor exclamat.
Statim ibo scrutatum
aliquot versiculos.

In viam specto,
estne uxor ventura?
Herba et barba
utraque desiderat
refectionem promptam.

Nurmikkoa ei
saa leikata märkänä,
vaimo toteaa.
Vastaan: voinhan leikata,
tuskin kastuin ollenkaan.

Uskon vakaasti,
näinhän se varmasti on,
minä lausahdan.
Se nyt ei ole uskon
asia, vaimo sanoo.

Gramen umidum
secare non oportet,
uxor observat.
Respondeo: poteram,
vix umidus sum factus.

Firmiter fido
res sane ita esse,
equidem dico.
Non de fide agitur,
uxor tum intercedit.

Aamulla vaimo
menee oitis puutarhaan,
hoitaa ja nyppii.
Minä sanaa viljelen.
Kummallakin omansa.

Uxor iam mane
ilico hortum petit,
cura et carpit.
Equidem colo verbum.
Uterque suum habet.

Vaimo kouluttaa
puutarhamme kasveja,
juttelee niille.
Mutta kasvaessaan –
tottelevatko enää?

Uxor erudit
herbas viridarii,
illis loquitur.
At postquam accreverint –
an adhuc oboedient ?

*Ihmisen mieli
kiinnostaa vaimoani.
Ihmisen kieli,
siihen minä uppoudun.
Omansa kummallakin.*

*Hominis mens est
cordi meae uxori.
Linqua hominis,
in illam me immergo.
Suum uterque habet.*

Hyvä lääkäri
kuuntelee potilasta,
oivaltaa jotain,
kurkistaa tekoälyyn –
ja parantaa potilaan!

Bonus medicus
auscultato aegroto,
causa percepta
sanabit facticio –
ingenio aegrotum!

Etsin tavaraa,
minnekäs tuo katosi
sen siliän tien?
Olisipa järjestys
niin saattaisin sen löytää.

Kevättuuli soi,
tyttäret kaunistuvat.
minun syksyni.

Quero rem quandam
quonam disparuit
necopinato ?
Utinam ordo exsisteret,
forse reperiretur.

Favonius flat
filiolae pulchrescunt,
ego autumno.

*Viisautesi ja
kaikki keskustelumme,
hellät torusi!
Miten minun kävisi
jos menettäisin sinut?*

Sapientia
tua, tot colloquia,
tenerae rixae!
Quid mihi eveniret,
si te nunc amitterem?

Kenen kaupunki?

Kesän korvilla
nuorten lempi leimahtaa,
kesäyön hymy:
valkoposkihanhilla
on jo mahtavat perheet!

Jäniksenpoika
loikkii yöksi automme
alle. Suljemme
ikkunan ja vetäisen
minäkin peiton korviin.

Cuius urbs?

Prima aestate
amor iuvenum ardet,
noctis subrisus:
Familiis anserum
iam plurimi sunt pulli!

Pullus leporis
sub currum nostrum saltat
ad noctem. Claudo
fenestram, ego quoque
aures lodice tego.

Vien jätteet roskiin,
vanha rotta katselee
viikset väristen
sekä vatsa kurnien:
mitä illalliseksi?

Joku tapailee
vastapäätä tuttua
vanhaa sävelmää.
Mustarastas helkäyttää
loisteliaan vastauksen.

In purgamenta
fero reliqua, vetus
rattus me spectat,
subium tremit, venter
ringitur: quid ad cenam?

Est qui appetat
ex adverso vulgatum
veterem cantum.
Merulae clarissimum
responsum tum resonat.

Ikämiehen mietteitä

*Ihmisen elo
on kuin pieni puutarha,
hetken se kukkii.*

*Kuulimme laulun
ollessamme lapsia,
se kaikuu yhä.*

*Mitä tapahtuu
tai jää tapahtumatta,
se kaikki kulkee
kuin vuolaan virran juoksu
sydämemme lävitse.*

Cogitationes viri senioris

23

Vita hominis
est ut hortus parvulus,
breviter floret.

Cantus auditus
in prima iuventute
adhuc resonat.

Quid futurum est
aut fieri non potest,
omnia currunt,
labuntur sicut flumen,
pertranseunt cor nostrum.

Kirsikankukat
mielessämme kuljemme
sateista tietä.

Katson lampea,
sammakko istuu lumpeen
lehdellä, hyppää
syvyyksiin. Minä vaivun
omiin ajatuksiini.

Flores cerasi
meditantes vagamur
viâ pluviâ.

Stagnum tueor,
rana sedet nymphaeae
folio, salit
in profunda. Immergor
cogitationibus.

Talvea kohti,
lehdet kaikki kuurassa.
Aurinko painuu
metsän taa, oma katse
kauas menneisiin vuosiin.

Illalla satoi,
aamu-usva pellolla,
sepelkyyhkyset
kujertavat kaukana
mieleni maisemassa.

In brumam versus,
frondibus pruinosis.
Sol occasurus
trans silvam, aspicio
procul in praeteritum.

Vesperi pluit,
vapor mane in agro,
palumbi gemunt
procul, in regione
remota mentis meae.

Työtä tehdessä
kevyt mieli vai raskas?
On valittava
oikein tie, jota tahtoo
kulkea taivaanrantaan.

Aaltoilee ohra
silmänkantamattomiin.
Olevainen ja
olematon, ovatko
ne saman pellon viljaa?

In opere faciendo
mens est levis aut gravis?
Eligenda est
via recta, qua velis
in horizontem ire.

Hordeum undat
tam procul quam videmus.
Et ens et non ens,
suntne illae forsitan
messes eiusdem agri?

Maisema yltää
maan ääreen ja sen yli.
Hiljaisuus, muistot
tuovat meille lohtua
ja rauhoittavat mielen.

Aurinko nousee,
valaisee taivaanrannan.
Tänä päivänä
olkoon ajatuksemme
sekä mielemme kirkas.

Prospectus tangit
finem terrae et super.
Silentium et
memoriae comportant
solacium et pacem.

Sol exoritur,
oram caeli luminat.
Sint hodierno
die cogitatio
et mens nobis serena.

Sateiden jälkeen
ilma tuntuu raikkaalta
kuin ajatukset
jotka keskustelusta
kirkastuvat uudelleen.

Hämärän ääni,
lehtorastas huhuilee
puutarhassani.
Lauluni on vaiennut
kauan, vuosia sitten.

Post nimbum aër
frigidus percipitur
sicut animus,
qui colloquio
resplendescit denuo.

Vox tenebrarum,
turdus luci ululat
in horto meo.
Meus cantus siluit
diu, a multis annis.

Elämän liekki,
kipinät sinkoilevat,
leikkiäkö lie?

Soutaja soutaa,
elämä ja kuolema,
tuleva mennyt,
muistot ja haaveet elon,
tumman kuolon kyydissä.

Soutajan matka
jatkuu siihen saakka, kun
häämöttää ranta,
kunnes karahtaa vene
rannan valkoiseen hietaan.

Flamma vitalis,
scintillae circumvolant,
forsan sit ludus?

Remex remigat,
vita et mors, futura
et praeterita,
memoriae, somnia
cursu mortis opacae.

Iter remigis
continuatur, donec
litus apparet,
donec cumbam appellit
ad litoris arenam.

Ystäviä, kavereita

Dagen efter

Melkoiseen huutoon
ilta kuulemma päättyi.
Aamuaurinko,
navakka tuuli, lumi
lentää yli jään pinnan.

Olisittepa
pojat täällä, tehtäisiin
lumiluola ja
otettaisiin huurteista
aamutunneille asti!

Päivä päättyi juhlien:
kohta joka miehen
suusta kuului melkoinen
huuto juopuneiden.

Aamusella pakastaa
kirkas päivä paistaa
jäällä tuuli puhaltaa
pyrylunta ajaa.

*Juhlijoiden joukossa
jos vain olisitte,
lumilinnan yhdessä
tänne tekisitte.*

*Malja juomaa jäätyvää
täällä otettaisiin
aamuun asti väkevää
viinaa maisteltaisiin
(P.P)*

Amici, comites

Postridie

Clausum est convivium
omnium ex ore
orto comissantium
confuso clamore.

Lucet sol postridie
frigore ridente
nivem summa glacie
vento persequente.

Si cum comissantibus
nobis adessetis
tum caducis nivibus
antrum faceretis.

Vini fortis poculum
algens sumeretur
donec iam diliculum
pôtis oreretur.

*Sonnimullikat
isohkolla niityllä
laumajuoksua,
sitten märehtimistä,
nuorten miesten elämää.*

Paulin muistolle

*Hyvä ystävä
on kuin raikas puro,
josta voi juoda.
Sen suvannosta näkee
kirkkaasti taivaan pilvet.*

Grex iuvencorum
in prato satis magno
certatim currit,
tum pergit ruminare
sic vita iuvenilis.

In memoriam Pauli

Bonus amicus
est ut rivus frigidus,
unde haurias.
Rivo stagnante vides
clara nubila caeli.

Luontokuvia

Pääskyt lentävät,
kohta ne ovat poissa,
nopeasiivet.
Muistot ja mielikuvat
siivikseni levitän.

Vilja lainehtii,
lentävät halki taivaan
valkeat pilvet.
Ajatukset kiitävät
kauas, kauas taaksepäin.

Imagines naturae

En hirundines
volant, alas veloces,
brevi aberunt.
Memorias, res fictas,
pro alis mihi pando.

Seges undulat,
per caelum volant
nubila alba.
Cogitatio currit
procul, procul retrorsum.

Pääskynen piirtää
viivan sinitaivaalle.
Unohdus, muisto,
näkymätön hahmottuu
uudelleen näkyväksi.

Vanha metsätie:
kuten ihmisen teema
tai cantus firmus
monin variaatioin
hyvin koristeltuna.

*Hirundo scribit
lineam in aethere.
Oblivio et
memoria, invisum
resurgit visibile.*

*Vetus semita
sicut hominis thema
aut cantus firmus
variationibus
optime decorata.*

*Metsä on kieli
tuhansine murteineen,
se on tarina
miljoonine muotoineen,
jokaisella omansa.*

*Hiekanjyvänen,
miljardien ikäinen
maahanmuuttaja,
punaisen Novan lapsi
kuten sinä ja minä.*

Silva est lingua
cum mille dialectis,
est narratio
cum formis millionibus,
unicuique est sua.

Mica pulveris,
iam miliardaria,
hospes immigrans,
filius Novae rubrae
ut sumus tu et ego.

Navakka tuuli,
lumi lentää jään yli,
leikkivät kahden,
harmaalokki kaartelee
kysyvästi viereeni.

Jäniksen jäljet
tulevat, jatkuvat.
Entä jos tai kun?
Takana tuuli on jo
peittänyt kaikki jäljet.

Ventus vehemens,
nix per glaciem volat,
una colludunt,
larus volatum curvat
me interrogaturus.

Vestigia leporis
adveniunt et pergunt
Quid si, sive cum ?
Pone ventus omnia
vestigia contexit.

*Virtailee joki
hedelmöittäen pellot
viljan keltaiset.
Ilo, suru sysäävät
liikkeelle ajatukset.*

*Huuhkaja lentää
metsäisen polun poikki,
hiljainen lintu:
maailma on hauraampi
ja myös todellisempi.*

Amnis exundat
agros facit fecundos
frumento flavos.
Gaudio et maerore
animus commovetur.

Bubo volitat
trans semitam silvestrem,
ales tacitus:
mundus est fragilior,
praeterea verior.

Kypsät mättähät,
metsän runsaat antimet
kaikki tarjolla.
Ottaako tämä vai tuo,
valinta on vaikeaa.

Katson lintua,
minä sen yleisönä.
Sitten ymmärrän:
kaikkihan me olemme
elämän näyttämöllä.

Frutices, donis
silvae sunt uberrimi,
omnia adsunt.
Sumamne hoc vel illud,
labor est eligere.

Specto alitem,
ego eius theatrum.
Tum intellego:
nos quidem omnes sumus
histriones in vita.

Kirjoittamisesta

Monta kirjainta,
miten ryhmittäisin ne
kauniisti yhteen?
Avaan sanaisen arkun,
senkin romuvarasto!

Mieleni tekee
kirjoittaa lyhyt runo,
hyvinkin lyhyt,
jonka kirjainten väliin
mahtuu koko avaruus.

De scribendo

Multae litterae,
quo modo disponantur,
ut sint concinnae?
Pando arcam verborum:
quae scrutorum copia!

Velim scribere
poema brevissimum,
perquam breve,
intra cuius litteras
totus cosmus capitur.

*Elämisestä
siitä me kirjoitamme.
Kuolleet nousevat
haudoistaan, me puhumme
monesta heidän kanssaan.*

*Runo voi olla
aivan uusi maisema,
outo sävelmä. Katse voi täsmentyä
sitä lukiessamme.*

De vita quidem
est, quod scripturi sumus.
Mortui surgunt,
ex sepulcris, cum illis
plurimum colloquimur.

Carmen forsitan
novissimus prospectus,
modulatio nova.
Aspectus integratur
illud dum perlegimus.

Kuolemisesta
en osaa kirjoittaa, kun
vieläkin elän.
Sitten kun olen kuollut
olen jo liian kuollut.

Polkupyörällä
vastatuuli puhaltaa
mennen ja tullen.
Mielessä uudet säkeet,
silti myötätuulessa.

De moriendo
non possum scribere, cum
adhuc sum vivus.
Postquam mortuus ero,
ero nimis mortuus.

Birota vehor
ventus spirat adversus
iens rediens.
Novos versus meditor
vento tamen secundo.

Kirjoitan paljon,
kertoilen avoimesti.
Miksi riisuudun,
vaikka ulkosalla on
kova viima pakkanen?

Ripaus rytmiä,
lisää säveltä, sitten
jokunen kirjain,
viimeistele tauoilla –
kas, tankasi on valmis!

Scribo permultum,
apertissime narro.
Cur me exuo
etsi foris vehemens,
furit ventus frigidus?

Mica rhythmi, plus
melodiae, aliquot
dein litterae.
perpoli pausis factis -
ecce, tanka perfecta!

Ukkonen nousee,
kaukana sateenkaari.
Mietteliäänä
otan kynän käteeni,
kirjaan tapahtumia.

Kirjanpainaja
ahertaa puun sisällä
pimeydessänsä.
Voi kunpa pääsisin taas
kirjoittamisen vauhtiin.

Tonitrus caeli,
arcus puvius procul.
Meditabundus
stilum in manum sumo,
res in tabulas fero.

Ips typograhus
intra lignum laborat
in caligine.
Utinam possim cursum
scribendi resumere.

Ennen esitystä

64

Mentaalitreenis
pianomatineaan.
Suljen silmäni,
Gewandhausin aplodit,
ne eivät lopu koskaan.

Nuo juoksutukset,
miten selviän niistä?
Muistan: nopeat
juoksutukset kertovat
hyvästä tekniikasta.

Ante spectaculum

65

Exercitium
mentis ad spectaculum.
Oculos claudo,
in Gewandhaus applausus
numquam finem faciunt.

Illos volatus
quomodo perficiam?
Memini: citi
illi volatus narrant
de optima technica.

Entä tuo rytmi,
pulssinihan hyppelee
sinne sun tänne.
Toivottavasti kukaan
ei huomaa sen heiluntaa.

Mutta tulkinta,
se on kyllä tärkeää.
Soittaessani
yksin liikutun joskus
aivan kyyneliin saakka.

Et ille rhythmus,
pulsus mihi saltitat
et huc et illuc.
Utinam nemo sentit
quem ad modum oscillet.

Sed vel maximi
est interpretatio.
Solus clavicinans
aliquando commotus
sum usque ad lacrimas.

Puutarhasta ja vuodenajoista

Aaltoilee puutarhassa
kukkien meri.
Olemme yhtä,
nämäkin ampiaiset,
kurkien huuto kaukaa.

Kurjet palaavat
ruoho nousee oraalle
syksy häämöttää.

De hortulo et temporibus anni

Mare floridum
in hortulo fluctat.
Sumus unitas
tantum illae vespae quam
clamor gruum longinquus

Grues redeunt,
gramina progerminant,
aër autumnat.

Te puutarhamme
voikukat, miten kauniit,
hunajan kodit.
Otan käteeni ruiskun,
lähden tappamaan niitä.

Nuo mäkäräiset,
lähes näkymättömät
pikkiriikkiset,
vertani janoavat
uusia synnyttääkseen.

Vos, taraxaca
horti nostri, quam pulchra,
atria mellis.
Siphonem deprehendo,
Ibo necatum illa.

Illi culices,
paene invisibiles,
tam minusculi,
sanguen meum sitiunt,
ut prolem progenerent.

Muurahaisen tie,
mihin ihmeeseen se vie?
Juosta vilistää
alituiseen äheltää
ilman lomanäkymää.

Käpristyvät nuo
omenapuiden lehdet,
toukka pureksii
kuin rakkaudettomuuden
tunne yksin eläjää.

Via formicae,
quonam gentium ducit?
Currit, properat,
continuo laborat
nulla feriarum spe.

Rugantur illa
foliola pomorum,
vermis manducat,
sicut vita amoris
expers hominem solum.

Lumi sulaa jo,
maa on paljastumassa
sellaisena kuin
aina on. Illat
ovat pimenemässä.

Nix iam solvitur,
terra denudabitur
talis aspectu
sicuti semper.
Vesperi tenebrescunt.

Identiteetistä

76

Voimmeko olla
vahvoja ja samalla
haavoittuvia.
Aina tässä ja läsnä
vaikka jatkamme matkaa.

Kulkee polkua,
miettii: olen vähäinen
vuoren rinnalla.
Mutta osaan tuntea,
nauraakin ja itkeä!

De identitate

An nos possumus
esse vulnerabiles
itemque fortes.
Semper eodem loco,
etsi iter pergimus.

Calle ambulat,
meditatur: minimus sum
ad latus montis.
Scio autem sentire,
et ridere et flere!

*Uni vaeltaa
mielemme sopukoissa,
etsimme rajaa:
mistä mihin kulkevat
minuuden ääriviivat.*

*Viileähkö kuu
rakastava aurinko
kilpaa ajavat
taivaan kannella sekä
omassa sielussamme.*

Somnus vagatur
in angulis animi,
quaerimus finem:
unde et quo procurrunt
margines meitatis.

Luna frigida
et sol amabiliter
currunt certatim
in culmine caelorum
et in nostra anima.

Oi näkymätön,
sykit sydämiemme
tahtiin, nukahdat
kanssamme, sinä kuiskit
korviimme unissamme.

Tunnemme sinut
kuin ikivanhan liiton.
Me voimme luottaa:
olet aina kanssamme,
meitä et koskaan hylkää.

Invisibilis,
tu pulsas ex cordium
nostrorum rhythmo, dormis
nobiscum, tu susurras
in aures, cum dormimus.

Te cognovimus,
ut foedus veterrimum.
Confidere possumus:
eris semper nobiscum,
nos numquam derelinques.

Unikuvia

Hyllyt tyhjiksi,
tavaroita varastoon,
kirjat nesteeksi
ja identiteetti pois
jotta pelastuisimme.

Hiekkatie, esiin
ilmestyy miehen kasvot.
Mies kertoo, että
hänen perheensä oli
haudannut hänet sinne.

Somnia

Bibliotheca
in repositorium,
libri liquescant,
identitas pereat
ut ipsi simus salvi.

Ex arenosa
via vultus exsurgit.
Vir ille narrat
familiam ipsius
se ibi sepelisse.

*Miten kestämme
käärmeiden puremia;
jokaisen osa.
Odotan vuoroani,
kohta se varmaan tulee.*

*Tuttavat saavat
kymmenen vauvaa – sitä
toivon tunnetta!
Pian vauvat kuolevat
kaikki, yksi kerrallaan.*

Qui perferimus
puncturas serpentium;
sors est omnium.
Meam vicem exspecto,
mox est certo ventura.

Familiares
decem infantes habent -
voti compotes!
Brevi nati pereunt
universi, singuli.

Seuraan jokea.
Alussa se pulppuaa
kirkkaana, kohta
tasaantuu ja sen jälkeen
sulautuu hiljaa mereen.

*Sequor fluvium.
Initio scaturit
limpidus. Sed mox
fit planus et postea
in mare coalescit.*